FICHA CATALOGRÁFICA

(Preparada na Editora)

Xavier, Francisco Cândido, 1910-2002.

X19p   *Preces e Orações*/ Francisco Cândido Xavier, Espíritos Diversos, 1ª edição, IDE, 2016.

128 p.

ISBN 978-85-7341-692-3

1. Espiritismo 2. Psicografia - Mensagens I. Espíritos Diversos. II. Título.

CDD -133.9

-133.91

Índices para catálogo sistemático:

1. Espiritismo 133.9
2. Psicografia: Mensagens: Espiritismo 133.91

Preces e Orações

Chico Xavier

ide

ISBN 978-85-7341-692-3
1ª edição - agosto/2016
5ª reimpressão - junho/2025

Copyright © 2016,
Instituto de Difusão Espírita - IDE

Conselho Editorial:
Doralice Scanavini Volk
Wilson Frungilo Júnior

Produção e Coordenação:
Jairo Lorenzeti

Revisão de texto:
Mariana Frungilo Paraluppi

Capa:
Sílvia Bianca Borges Brandão

Diagramação:
Maria Isabel Estéfano Rissi

Parceiro de distribuição:
Instituto Beneficente Boa Nova
Fone: (17) 3531-4444
www.boanova.net
boanova@boanova.net

IDE -
INSTITUTO DE DIFUSÃO ESPÍRITA
Rua Emílio Ferreira, 177 - Centro
CEP 13600-092 - Araras/SP - Brasil
Fones (19) 3543-2400 e 3541-5215
CNPJ 44.220.101/0001-43
Inscrição Estadual 182.010.405.118
www.ideeditora.com.br
editorial@ideeditora.com.br

Todos os direitos reservados. Nenhuma parte desta publicação pode ser reproduzida, armazenada ou transmitida, total ou parcialmente, por quaisquer métodos ou processos, sem autorização do detentor do copyright.

Sumário

Apresentação 7

Prece - O LIVRO DOS ESPÍRITOS................................ 13

Mensagens sobre a Prece

Profilaxia - Silêncio e Prece, ANDRÉ LUIZ 19

Prece do esforço próprio, EMMANUEL........................... 23

Oração e serviço, ALBINO TEIXEIRA............................29

Prece antes e depois, EMMANUEL 33

Preces e Orações

Oração do servo imperfeito, ALBINO TEIXEIRA 39

Oração nossa, EMMANUEL....................................43

Prece em desobsessão, Albino Teixeira 47

Oração por paciência, Emmanuel 51

Oração de hoje, Auta de Souza 55

Oração em serviço, Emmanuel 59

Prece do jovem cristão, Aires de Oliveira 63

Prece de amor, Scheilla 67

Oração pelos entes queridos, Emmanuel 71

Prece ante o perdão, Emmanuel 77

Oração diante da palavra, Meimei 81

Prece por visão, Emmanuel 85

Prece às mães, Chico Xavier 89

Prece, Chico Xavier 95

Apêndice

Pai Nosso 99

Prece de Cáritas 101

Prece para si mesmo 105

Evangelho no Lar 109

Referências Bibliográficas 124

Apresentação

Esta obra se compõe de mensagens espirituais, em forma de preces e orações, transmitidas ao médium Francisco Cândido Xavier, em diversas épocas, sendo as duas últimas de autoria do próprio Chico quando entrevistado em distintos programas televisivos dos quais participou.

Abaixo, algumas transcrições do *O Evangelho Segundo o Espiritismo*, como forma de preparar o leitor para tão edificantes leituras, que se seguirão no decorrer do presente livro.

(...) A forma não é nada, o pensamento é tudo. Orai, cada um, segundo as vossas convicções e o modo que mais vos toca; um bom pensamento vale mais que numerosas palavras estranhas ao coração. (...)

(...) A prece é uma invocação; por ela, um ser se coloca em comunicação mental com outro ser ao qual se dirige.

Ela pode ter, por objeto, um pedido, um agradecimento ou uma glorificação. Pode-se orar por si mesmo ou por outrem, pelos vivos ou pelos mortos. (...)

(...) O Espiritismo faz compreender a ação da prece, explicando o modo de transmissão do pensamento, seja quando o ser chamado vem ao nosso apelo, seja quando nosso pensamento o alcança.(...)

(...) Portanto, quando o pensamento é dirigido a um ser qualquer, sobre a Terra ou no espaço, de encarnado a desencarnado, ou de desencarnado a

encarnado, estabelece-se uma corrente fluídica de um para o outro, transmitindo o pensamento, como o ar transmite o som.

A energia da corrente está em razão do vigor do pensamento e da vontade. Por isso, a prece é ouvida pelos Espíritos, em qualquer lugar em que eles se encontrem; os Espíritos se comunicam entre si, transmitem-nos suas inspirações, os intercâmbios se estabelecem, à distância, entre os encarnados.

Esta explicação é, sobretudo, para aqueles que não compreendem a *utilidade da prece puramente mística, e não tem por objetivo materializar a prece, mas tornar seu efeito inteligível, mostrando que pode ter uma ação direta e efetiva. Ela, por isso, não fica menos subordinada à vontade de Deus, juiz supremo em todas as coisas, único que pode tornar sua ação efetiva.*

Pela prece, o homem chama para si o concurso dos bons Espíritos, que vêm sustentá-lo nas suas boas resoluções e inspirar-lhe bons pensamentos; adquire, assim, a força moral necessária para vencer as dificuldades e reentrar no caminho reto se dele se afastou, assim como afastar de si os males que atrai por sua própria falta. (...)"

Inicialmente, como abertura do presente livro, transcrevemos algumas orientações retiradas do **O Livro dos Espíritos** sobre a prece. Em seguida, oferecemos mensagens dos Espíritos Emmanuel, André Luiz e Albino Teixeira, abordando sobre a importância do esforço próprio e do serviço aliado à oração sincera.

Os Editores

Prece

O Livro dos Espíritos

Cap. II , Livro Terceiro, *Lei de Adoração.*

659 – Qual é o caráter geral da prece?

– *A prece é um ato de adoração. Orar a Deus é pensar Nele, aproximar-se Dele e colocar-se em comunicação com Ele. Pela prece pode-se propor três coisas: louvar, pedir e agradecer.*

660 – A prece torna o homem melhor?

– Sim, porque aquele que ora com fervor e confiança é mais forte contra as tentações do mal e Deus lhe envia os bons Espíritos para o assistir. É um socorro que não é jamais recusado, quando pedido com sinceridade.

– Como ocorre que certas pessoas que oram muito, sejam, malgrado isso, de um caráter muito mau, invejosas, ciumentas, coléricas, carentes de benevolência e indulgência e mesmo, algumas vezes, viciosas?

— *O essencial não é orar muito, mas orar bem. Essas pessoas creem que todo o mérito está na extensão da prece e fecham os olhos sobre seus próprios defeitos. A prece, para elas, é uma ocupação, um emprego de tempo, mas não um estudo delas mesmas. Não é o remédio que é ineficaz, mas a maneira como é empregado.*

661 – Pode-se utilmente pedir a Deus que nos perdoe nossas faltas?

— *Deus sabe discernir o bem e o mal; a prece não oculta as faltas. Aquele que pede a Deus o perdão de suas faltas* não o obtém senão mudando de conduta. As boas ações são as melhores preces, porque os atos valem mais que as palavras.

662 – Pode-se orar utilmente por outrem?

– O Espírito daquele que ora age por sua vontade de fazer o bem. Pela prece, ele atrai para si os bons Espíritos que se associam ao bem que quer fazer.

663 – As preces que fazemos por nós mesmos podem mudar a natureza de nossas provas e desviar-lhes o curso?

– Vossas provas estão entre as mãos de Deus e há as que devem ser suportadas até o fim, mas, então, Deus tem sempre em conta a resignação. A prece chama para vós..."

Profilaxia
Silêncio e Prece

André Luiz

Se a maledicência visita o seu caminho, use o silêncio antes que a lama revolvida se transforme em tóxicos letais.

Se a cólera explode ao seu lado, use a prece, a fim de que o incêndio não se comunique às regiões menos abrigadas de sua alma.

Se a incompreensão lhe atira pedradas, use o silêncio, em seu próprio favor, imobilizando os monstros mentais que a crueldade desencadeia nas almas frágeis e enfermiças.

Se a antipatia gratuita surpreende as suas manifestações de amor, use a prece, facilitando a obra da fraternidade que o Mestre nos legou.

O silêncio e a prece são os antídotos do mal, amparando o Reino do Senhor, ainda nascente no mundo.

Se você pretende a paz no setor de trabalho que Jesus lhe confiou, não se esqueça dessa profilaxia da alma, imprescindível à vitória sobre a treva e sobre nós mesmos.

"A prece é um poderoso socorro em tudo; mas, crede bem, não basta murmurar algumas palavras para obter o que se deseja. Deus assiste aqueles que agem e não aqueles que se limitam a pedir."

O Livro dos Espíritos
Cap. IX, Livro Segundo,
Intervenção dos Espíritos
no Mundo Corporal, Ide Editora.

Prece
do esforço próprio

Emmanuel

É da lei do Senhor que a prece do esforço próprio obtenha resposta imediata da vida.

Educa a argila e a argila dar-te-á o vaso.

Guarda o vaso contra o lodo e o vaso ser-te-á prestimoso servidor.

Trabalha a madeira bruta e a madeira selvagem assegurar-te-á o asilo doméstico.

Mantém a higiene em tua casa e a casa abençoar-te-á a existência.

Ara o solo e terás a sementeira.

Auxilia a plantação e receberás o privilégio da colheita.

Vale-te da fonte com respeito e recolherás a água pura.

Cultiva a limpeza do líquido precioso e a água conferir-te-á equilíbrio e saúde.

Agimos com o desejo.

Reage a vida com a realização.

Não há caridade sem gentileza.

Não há fé sem boa vontade.

Não há esperança sem paciência.

Não há paz sem trabalho digno.

Usemos a chave do esforço próprio no bem de todos e o bem verdadeiro conduzir-nos-á para a vitória que nos propomos atingir.

O Criador responde à criatura, através das próprias criaturas, até que a criatura lhe possa, um dia, refletir a Glória Sublime.

Articulemos incessantemente a oração do serviço ao próximo, pela ação constante no auxílio aos outros, e estaremos marchando para a felicidade indestrutível da comunhão com Deus.

"(...) As boas ações são as melhores preces, porque os atos valem mais que as palavras."

O Livro dos Espíritos
Cap. II, Livro Terceiro,
Lei de Adoração, Ide Editora.

Oração
e serviço

Albino Teixeira

Oração é requerimento da criatura ao Criador.

Serviço é condição que a lei estabelece para todas as criaturas, a fim de que o Criador lhes responda.

Meditação estuda.

Trabalho realiza.

Observemos a propriedade do asserto em quadros simples.

Semente nobre é pedido silencioso da Natureza a que se faça verdura e pão, mas se o cultivador não desenvolve esforço conveniente, a súplica viva desaparece.

Livro edificante é apelo sublime do Espírito a que se ergam instrução e cultura, mas, se o homem não lhe perlustra as folhas no aprendizado, a sábia rogativa fenece, em vão.

Música, ainda mesmo divina, se mora exclusivamente na pauta, é melodia que não nasceu.

Invenção sem experimento é raciocínio morto.

Oremos, meus irmãos, mas oremos servindo.

Construção correta não se concretiza sem planta adequada.

Mas a planta, por mais bela, sem construção que lhe corresponda, será sempre um sonho mumificado em tábuas de geometria.

Prece
antes e depois

Emmanuel

Antes de observar a presença do mal, roga ao Senhor para que teus olhos se habituem à fixação do bem, a fim de que depois não se te converta a oração em requerimento desesperado.

Antes de assinalar a frase caluniosa ou irrefletida, pede ao Senhor para que teus ouvidos saibam escutar para o auxílio fraterno, a fim de que depois não se te transforme a prece em apelo sombrio.

Antes de caminhar na direção do poço em que se adensam as águas turvas da crueldade, implora ao Senhor para que teus pés se mantenham na movimentação do trabalho digno, a fim de que depois não se te transfigure a petição em grito blasfematório.

Antes de considerar a ofensa do próximo, solicita ao Senhor te ilumine o coração para que saibas exercer a caridade genuína do entendimento e do perdão sem reservas, a fim de que depois não se te expresse a rogativa por labéu de remorso e maldição.

Todos fazemos preces depois que o sofrimento nos convoca à expiação regenerativa, quando o processo de nossas defecções morais já coagulou, em torno de nosso Espírito, o cáustico da aflição com que havemos de purificar os tecidos da própria alma.

Todavia, quão raras vezes oramos antes da luta, vacinando o sentimento contra a sombra da tentação!...

Saibamos louvar a Bondade e a Sabedoria de Deus, em todos os passos da vida, rendendo graças pela flor e pelo espinho, pela facilidade e pelo obstáculo, pela alegria e pela dor, pela fartura e pela carência.

Agradecendo ao Céu as lições diminutas de cada instante da marcha, aprenderemos a tecer, com as pequeninas vitórias de cada dia, o triunfo sublime que, na grande angústia, erguer-nos-á para a alegria soberana capaz de levantar-nos para sempre à plena luz da imortalidade.

> *"A prece é sempre agradável a Deus quando é ditada pelo coração (...)"*

O Livro dos Espíritos
Cap. II, Livro Terceiro,
Lei de Adoração, Ide Editora.

Oração
do servo imperfeito

Albino Teixeira

Senhor!...

Dura é a pedra, entretanto, com a Tua sabedoria, temo-la empregada em obras de segurança.

Violento é o fogo, todavia, sob a Tua inspiração, foi ele posto em disciplina, em auxílio da inteligência.

Agressiva é a lâmina, no entanto, ao influxo de Teu amparo, vemo-la piedosa, na caridade da cirurgia.

Enfermiço é o pântano, contudo, sob Tua benevolência, encontramo-lo convertido em celeiro de flores.

Eu também trago comigo a dureza da pedra, a violência do fogo, a agressividade da lâmina e a enfermidade do charco, mas, com a Tua bênção de amor, posso desfrutar o privilégio de cooperar na construção do Teu reino!... Para isso, porém, Senhor, concede-me, por acréscimo de misericórdia, a felicidade de trabalhar e ensina-me a receber o dom de servir.

"(...) A prece é agradável a Deus quando é dita com fé, fervor e sinceridade. (...)"

O Livro dos Espíritos
Cap. II, Livro Terceiro,
Lei de Adoração, Ide Editora

Oração
nossa

Emmanuel

Senhor, ensina-nos:
a orar sem esquecer o trabalho,
a dar sem olhar a quem,
a servir sem perguntar até quando,
a sofrer sem magoar seja a quem for,
a progredir sem perder a simplicidade,
a semear o bem sem pensar nos re-
sultados,

a desculpar sem condições,

a marchar para frente sem contar os obstáculos,

a ver sem malícia,

a escutar sem corromper os assuntos,

a falar sem ferir,

a compreender o próximo sem exigir entendimento,

a respeitar os semelhantes sem reclamar consideração,

a dar o melhor de nós, além da execução do próprio dever, sem cobrar taxas de reconhecimento.

Senhor, fortalece em nós a paciência para com as dificuldades dos outros, assim como precisamos da paciência dos outros para com as nossas dificuldades.

Ajuda-nos para que a ninguém façamos aquilo que não desejamos para nós.

Auxilia-nos, sobretudo, a reconhecer que a nossa felicidade mais alta será, invariavelmente, aquela de cumprir-Te os desígnios onde e como queiras, hoje, agora e sempre.

Prece
em desobsessão

Albino Teixeira

Deus de Infinita Bondade!

Na supressão dos conflitos, em que nos inimizamos uns com os outros, induze-nos a ver, na condição de perseguidos, se não temos sido perseguidores.

Em colhendo aflições e lágrimas, faze-nos observar se não temos semeado lágrimas e aflições nas estradas alheias.

Ajuda-nos a receber ofensas por medicação que nos cure as enfermidades do Espírito, e a acolher, em nossos adversários, instrumentos da vida, que nos experimentam a capacidade de compreender e servir, conforme os preceitos que Jesus exemplificou.

Não nos deixes, ó Pai de Misericórdia, identificar, nos companheiros menos felizes que nos imponham problemas, senão irmãos com quem necessitamos recompor o próprio caminho, em bases de fraternidade e de paz.

Auxilia-nos a verificar que todo processo de obsessão é compartilhado pela vítima e pelo agressor; leva-nos a reconhecer que unicamente com a luz do bem é que dissiparemos a sombra do mal; e ensina-nos, ó Deus de Infinita Sabedoria, que o amor — e só o amor — é a tua vontade para todas as criaturas, em toda parte e para sempre.

Assim seja.

Oração
por paciência

Emmanuel

Senhor!

Fortalece-nos a fé para que a paciência esteja conosco.

Por Tua paciência, vivemos.

Por Tua paciência, caminhamos.

Auxilia-nos, por misericórdia, a

aprender tolerância, a fim de que estejamos em Tua paz.

É por Tua paciência que a esperança nos ilumina e a compreensão se nos levanta no íntimo da alma.

Agradecemos todos os dons de que nos enriqueces a vida, mas Te rogamos nos resguarde a paciência de uns para com os outros, para que estejamos contigo, tanto quanto estás conosco, hoje e sempre.

*"(...) Ajuda-te,
e o Céu te ajudará (...)"*

O Livro dos Espíritos

Cap. II, Livro Terceiro,
Lei de Adoração, Ide Editora.

Oração
de hoje

Auta de Souza

Hoje, Senhor, resplende novo dia,
Que deveres e júbilos condensa,
Nova esperança luminosa e imensa
Renascendo da noite espessa e fria...
Dá-me trabalho por excelso guia,

Ensina-me a servir sem recompensa
E a fazer do amargor de cada ofensa
Uma prece de amor e de alegria.

Que eu Te veja na dor com que me elevas
Por flamejante sol, rompendo as trevas,
Ante a beleza do Celeste Abrigo!

E que eu possa seguir na caravana
Dos que procuram na bondade humana
A glória oculta de viver contigo.

"(...) Pela prece, Espíritos melhores vêm esclarecê-lo, consolá-lo e dar-lhe a esperança. (...)"

O Livro dos Espíritos
Cap. II, Livro Terceiro,
Lei de Adoração, Ide Editora.

Oração
em serviço

Emmanuel

Deus da Eterna Bondade,

Ensina-me a viver;

A doar do que eu tenha,

Sem contar o que faça;

A trabalhar servindo,

Sem exigir repouso;

A compreender os outros

Sem ferir a ninguém;
A nunca desertar
Dos deveres que assumo;
E a entender que nos dás
O que julgas melhor.

"Sabeis que não há fórmula absoluta: Deus é muito grande para dar mais importância às palavras do que ao pensamento. (...)"

Santo Agostinho

O Livro dos Médiuns
Cap. XXXI, Segunda Parte,
Dissertações Espíritas, Ide Editora.

Prece
do jovem cristão

Aires de Oliveira

Senhor, dá-nos

o amor puro,

o respeito à Tua lei,

a disciplina benéfica,

a assimilação dos bons exemplos,

o acatamento aos mais velhos,

a mente firme,

o raciocínio claro,

o sentimento elevado,

o coração terno,

o entendimento fraternal,

o pensamento resoluto,

os braços diligentes,

as mãos amigas,

os pés bem conduzidos,

os olhos compreensivos,

os ouvidos vigilantes,

a dedicação ao estudo e ao trabalho,

o devotamento ao bem,

os recursos da paz

e as ferramentas da boa vontade, em todos os serviços que signifiquem a Tua obra divina na Terra, hoje e sempre.

Assim seja.

Prece
de amor

Scheilla

Amado Jesus!

Suplicando abençoes a nossa casa de fraternidade, esperamos por teu amparo, a fim de que saibamos colocar em ação o amor que nos deste.

Auxilia-nos a exercer a compaixão e o entendimento, ensinando-nos a esquecer o mal e a cultivar o bem, na paciência e na tolerância de uns para com os outros.

Ajuda-nos a compreender e servir para que a nossa fé não seja inútil.

Faze-nos aceitar, na caridade, o esquema de cada dia e induze-nos os braços ao trabalho edificante para que o nosso tempo não se torne vazio.

Sobretudo, Senhor, dá-nos humildade, a fim de que a humildade nos faça dóceis instrumentos nas tuas mãos.

E, agradecendo-te o privilégio do trabalho, em nosso templo de oração, louvamos a tua Infinita Bondade, hoje e sempre.

"(...) Adorai sempre a Deus; amai-o de todo o vosso coração; sobretudo, rogai a ele, rogai a ele, firmemente, aí está o vosso sustentáculo nesse mundo, a vossa esperança, a vossa salvação."

Emma Livry

O Céu e o Inferno
Cap. II, Segunda Parte,
Espíritos felizes, Ide Editora.

Oração
pelos entes queridos

Emmanuel

Senhor Jesus!

Concedeste-nos os entes queridos por tesouros que nos emprestas.

Ensina-nos a considerá-los e aceitá-los em sua verdadeira condição de filhos de Deus, tanto quanto nós, com necessidades e esperanças semelhantes às nossas.

Faze-nos, porém, observar que aspiram a gêneros de felicidade diferente da nossa e ajuda-nos a não lhes violentar o sentimento em nome do amor no propósito inconsciente de escravizá-los aos nossos pontos de vista. Quando tristes, transforma-nos em bênçãos capazes de apoiá-los na restauração da própria segurança e, quando alegres ou triunfantes nos ideais que abraçam, não nos deixes na sombra do egoísmo ou da inveja, mas, sim, ilumina-nos o entendimento para que lhes saibamos acrescentar a paz e a esperança.

Conserva-nos no respeito que lhes devemos, sem exigir-lhes testemunhos de afeto ou de apreço, em desacordo com os recursos de que disponham.

Auxilia-nos a ser gratos pelo bem que nos fazem, sem reclamar-lhes benefícios ou vantagens, homenagens ou gratificações que não nos possam proporcionar.

Esclarece-nos para que lhes vejamos unicamente as qualidades, ajudando-nos a nos determos nisso, entendendo que os prováveis defeitos de que se mostrem ainda portadores desaparecerão no amparo de Tua bênção.

E, se algum dia, viermos a surpreender alguns deles em experiências menos felizes, dá-nos a força de compreender que não será reprovando ou condenando que lhes conquistaremos os corações, e sim entregando-os a Ti, através da oração, porque apenas Tu, Senhor, podes sondar o íntimo de nossas almas e guiar-nos o passo para o reequilíbrio nas Leis de Deus.

"(...) a prece do coração é tudo, a dos lábios não é nada. (...)"

O Livro dos Espíritos
Cap. II, Livro Terceiro,
Lei de Adoração, Ide Editora.

Prece
ante o perdão

Emmanuel

Senhor Jesus!

Ensina-nos a perdoar conforme nos perdoaste e nos perdoas, a cada passo da vida.

Auxilia-nos a compreender que o perdão é o poder capaz de extinguir o mal.

Induze-nos a reconhecer, nos irmãos que a treva infelicita, filhos de Deus, tanto quanto nós, e que nos cabe a obrigação de interpretá-los na condição de doentes, necessitados de assistência e de amor.

Senhor Jesus, sempre que nos sintamos vítimas das atitudes de alguém, faze-nos entender que também somos suscetíveis de erros e que, por isso mesmo, as faltas alheias poderiam ser nossas.

Senhor, sabemos o que seja o perdão das ofensas, mas compadece-Te de nós e ensina-nos a praticá-lo.

"Se ela (a prece) é ardente e sincera, pode chamar em sua ajuda os bons Espíritos, a fim de sugerir-lhe bons pensamentos e dar-lhe a força do corpo e da alma de que necessita."

O Livro dos Espíritos
Cap. II, Livro Terceiro,
Lei de Adoração, Ide Editora.

Oração
diante da palavra

Meimei

Senhor!

Deste-me a palavra por semente de luz.

Auxilia-me a cultivá-la.

Não me permitas envolvê-la na sombra que projeto.

Ensina-me a falar para que se faça o melhor.

Ajuda-me a lembrar o que deve ser dito e a lavar da memória tudo aquilo que a Tua bondade espera se lance no esquecimento.

Onde a irritação me procure, induze-me ao silêncio, e, onde lavre o incêndio da incompreensão ou do ódio, dá que eu pronuncie a frase calmante que possa apagar o fogo da ira.

Em qualquer conversação, inspira-me o conceito certo que se ajuste à edificação do bem, no momento exato, e faze-me vigilante para que o mal não me use, em louvor da perturbação.

Não me deixes emudecer diante

da verdade, mas conserva-me em Tua prudência, a fim de que eu saiba dosar a verdade em amor, para que a compaixão e a esperança não esmoreçam, junto de mim.

Traze-me o coração ao raciocínio, sincero sem aspereza, brando sem preguiça, fraterno sem exigência e deixa, Senhor, que a minha palavra te obedeça a vontade, hoje e sempre.

Prece
por visão

Emmanuel

Senhor Jesus!

Todos sabemos que, em Tua infinita misericórdia, nos aceitas por irmãos.

Entretanto, Senhor, reconhecemos que, por agora, somos apenas pequeninos servidores ou servos de Teus servos.

Em vista disso, nós Te rogamos nos auxilies a ser, no caminho em que nos achamos, mais irmãos uns dos outros, aprendendo paciência e humildade, tolerância e perdão, bondade e entendimento, paz e fraternidade, a fim de que, no trabalho que nos deste a fazer, possamos ser, um dia, Teus irmãos para sempre, tanto quanto já és nosso Mestre e Senhor.

Amado Jesus, sê, como sempre, o nosso Amparo e Guia, em todas as estradas que o mundo nos estende para o encontro com Deus.

"(...) O que Deus concederá, se se dirige a ele com confiança, é a coragem, a paciência e a resignação. O que concederá, ainda, são os meios de sair por si mesmo da dificuldade, com a ajuda das ideias que são sugeridas pelos bons Espíritos (...)"

O Evangelho Segundo o Espiritismo
Cap. XXVII, Pedi e Obtereis,
Ide Editora.

Prece
às mães

Chico Xavier

Amado Jesus, nosso Divino Mestre e Senhor!

Já que nos achamos assistidos pela presença de mães carinhosas, que nos rodeiam aqui, nós Te rogamos para que todas elas tenham bastante força para suportarem todos os problemas que lhes possam surgir, a fim de cumprirem a sagrada missão de que foram investidas!

Recordamos aquelas que nos deram o ser, que neste mundo ou fora dele velam por nós. Nós Te pedimos, Amado Jesus, abençoes a todas elas, as que nos deram a vida, que se sacrificaram por nós, as que esqueceram prazer, mocidade, conveniências e convenções para se fazerem nossas mães!

Nós Te rogamos por aquelas que conseguiram realizar os seus ideais e por todas as que sofreram tremendas renúncias, para se ajustarem aos encargos de que foram investidas; por aquelas, Amado Mestre, que muitas vezes trazem, sobre o peito, cruzes de ouro, lembrando a Tua Misericórdia, a trazerem o coração sob o peso das grandes cruzes de lágrimas; por aquelas outras que se encontram em penúria; por aquelas que guardam os filhos queridos nos sanatórios; por aquelas que se viram desvinculadas do amor deles, a golpes de violência, e que reclamam serenidade e compreensão para se reequilibrarem na vida; por aquelas que se sentiram mães, com a deserção dos companheiros aos quais se confiavam; por aquelas, Senhor, que trabalham, dia a dia, para buscarem o pão dos próprios filhos; por aquelas que amanhecem de coração atormentado sem saberem como resolver os problemas mais simples da vida, à luz do cotidiano!

Pedimos-Te por todas elas, Senhor, porque todas as mães são santas diante de Ti!

Amado Mestre, abençoa aquelas que nos amaram, que nos amam e que nos amarão sempre; aquelas em cujos corações colocaste um segredo de amor que ninguém decifra; aquelas que necessitam, cada vez mais, de nosso apoio para nos dignificarem, guardando-nos a civilização, ajudando-nos a sermos nós mesmos!

Abençoa-nos, Senhor, e despede-nos em Paz!

E que a Tua bondade, Amado Senhor Jesus Cristo, possa estar conosco, abençoando-nos, sustentando-nos, tolerando-nos e auxiliando-nos, hoje, agora e sempre!

Assim seja!

Prece

Chico Xavier

Senhor! Nesta hora em que todos procuramos um caminho de paz e amor para viver e conviver e também para sobreviver às nossas próprias dificuldades, nós Te rogamos apoio.

Rogamos, Amado Jesus, que

nos abençoe e conserva-nos na fé viva em Ti. Não nos deixes o coração tresmalhado nas vacilações do caminho terrestre ou na agressividade exagerada que tantas vezes nos surpreendem depois da infância e da adolescência, nas quais aprendemos a pedir-Te a bênção no colo de nossas mães!

Disseste-nos que aqueles que não se fizerem crianças não serão dignos do Reino de Deus. Faze-nos, pois, simples de coração! Ajuda-nos a considerar que precisamos trabalhar uns pelos outros. Que todos somos chamados para nos tolerarmos reciprocamente em nossas dificuldades e problemas, a fim de que a nossa vida possa produzir paz, luz, amor e alegria, no progresso a que estamos destinados por Ti, em nome do nosso Pai Supremo!

Ampara-nos! Que nossos templos dedicados à Tua memória, seja qual for a faixa de conhecimento e veneração em que nos expressemos, sejam preservados, agora e no futuro, a fim de que, por eles e com eles, venhamos a construir, na Terra, a nossa felicidade imortal.

Apêndice

Oração
Pai Nosso

Pai Nosso que estais nos Céus, santificado seja o Vosso nome!

Venha o Vosso reino!

Seja feita a Vossa vontade, na Terra, como no Céu!

Dai-nos o pão de cada dia.

Perdoai as nossas dívidas

como nós as perdoamos àqueles que nos devem. Perdoai as nossas ofensas, como perdoamos àqueles que nos ofenderam.

Não nos abandoneis à tentação, mas livrai-nos do mal.

Assim seja.

Prece

de Cáritas*

Deus, nosso Pai, Vós que sois todo poder e bondade, dai força àquele que passa pela provação. Dai a luz àquele que procura a verdade, ponde no coração do homem a compaixão e a caridade. Deus, dai ao viajor a estrela guia, ao aflito a consolação, ao doente o repouso. Pai, dai ao culpado o arrependimento, ao Espírito a verdade, à criança o guia, ao órfão o pai.

Senhor, que Vossa bondade se estenda sobre tudo o que criastes.

Piedade, Senhor, para aqueles que não Vos conhecem, esperança para aqueles que sofrem.

Que a Vossa bondade permita aos Espíritos consoladores derramarem por toda parte a paz, a esperança e a fé.

Deus, um raio, uma faísca do Vosso amor pode abrasar a Terra.

Deixai-nos beber nas fontes dessa bondade fecunda e infinita e todas as lágrimas secarão, todas as dores se acalmarão.

Uma só voz, um só coração, um só pensamento subirá até Vós, como um grito de reconhecimento e amor.

Como Moisés sobre a montanha, nós lhe esperamos com os braços abertos.

Oh! Poder, Oh! Bondade, Oh! Beleza, Oh! Perfeição.

E queremos, de alguma forma, alcançar Vossa misericórdia.

Deus, dai-nos a força de ajudar o progresso afim de subirmos até Vós. Dai-nos a caridade pura.

Dai-nos a fé e a razão.

Dai-nos a simplicidade, que fará de nossas almas um espelho onde se refletirá a Vossa santa e misericordiosa imagem.

(*) Origem da Prece de Cáritas:

A prece de Cáritas foi psicografada pela médium Madame W. Krell, na cidade de Bordeaux, na França, durante a noite de Natal do ano de 1873. Reunida a outras mensagens da médium, faz parte do livro "Rayonnements de la Vie Spirituelle", publicado na França em 1875.

Prece
para si mesmo

Espíritos sábios e benevolentes, mensageiros de Deus, cuja missão é assistir os homens e conduzi-los no bom caminho, sustentai-me nas provas desta vida; dai-me a força de suportá-las sem murmurar; desviai de mim os maus pensamentos e fazei com que eu não dê acesso a nenhum dos maus Espíritos que tentarem me induzir ao mal. Esclarecei minha consciência sobre meus defeitos e elevai, de sobre meus olhos, o véu do orgulho que poderia me impedir de os perceber e confessá-los a mim mesmo.

Vós, sobretudo meu anjo guardião, que velais mais particularmente por mim, e vós, todos Espíritos protetores que vos interessais por mim, fazei com que me torne digno da vossa benevolência. Conheceis as minhas necessidades, que elas sejam satisfeitas segundo a vontade de Deus.

(Outra). – Meu Deus, permiti aos bons Espíritos que me cercam virem em minha ajuda quando estiver em dificuldade, e sustentar-me se vacilo. Fazei, Senhor, que eles me inspirem a fé, a esperança e a caridade; que sejam para mim um apoio, uma esperança e uma prova da Vossa misericórdia; fazei, enfim, que eu encontre junto deles a força que me falta nas provas da vida, e, para resistir às sugestões do mal, a fé que salva e o amor que consola.

(Outra). – Espíritos bem-amados, anjos guardiães, vós a quem Deus, em sua infinita misericórdia, permite velar

pelos homens, sede meus protetores nas provas da minha vida terrestre. Dai-me a força, a coragem e a resignação; inspirai-me tudo o que é bom e detende-me na inclinação do mal; que vossa doce influência penetre minha alma; fazei com que eu sinta que um amigo devotado está perto de mim, que vê meus sofrimentos e partilha minhas alegrias.

E vós, meu bom anjo, não me abandoneis; tenho necessidade de toda a vossa proteção para suportar, com fé e amor, as provas que aprouver a Deus me enviar.

Evangelho
no Lar

A prática do **Evangelho no Lar** constitui-se uma das mais importantes atividades cuja base é a oração, a leitura e a reflexão do Evangelho de Jesus.

A seguir, elaboramos uma sugestão de roteiro e prática do Evangelho no Lar.

Praticando
O Evangelho no Lar

O estudo de *O Evangelho no Lar,* via de regra, é realizada pela família em seu lar, iniciando-se com uma prece e, após, uma leitura de um capítulo ou um trecho de *O Evangelho Segundo o Espiritismo,* de Allan Kardec, seguido de uma interpretação de seus ensinamentos.

Deverá ser realizado com pontualidade e em determinado dia da semana, pois a disciplina acarretará inúmeros benefícios, os quais citaremos a seguir:

• O entendimento dos ensinamentos de Jesus, em comunhão de pensamentos, em muito favorecerá que se os pratique no ambiente doméstico.

• As lições do Mestre, apreendidas pelos familiares, trarão, com certeza, a compreensão de que viverão em maior harmonia, tendo em vista que, no próprio estudo, poderão compreender e superar todos os desajustes que porventura venham a existir, despertando o sentimento de fraternidade e amor que deve coexistir entre todos os familiares.

• Estimulando a presença das

crianças nessa reunião, permitindo que elas participem, mesmo que seja apenas como ouvintes ou oferecer a elas uma explicação mais simplificada sobre a leitura, com certeza essa prática iniciará nelas um interesse pelos ensinamentos de Jesus, acarretando-lhes as primeiras ideias sobre a moral cristã.

• A família aprenderá a conviver melhor entre seus elementos e, por consequência, com toda a família universal, compreendendo que todos somos filhos de um mesmo Pai e que cada um é um Espírito distinto, com suas dificuldades, seus defeitos e suas virtudes. Na compreensão disso, tudo se tornará mais fácil, pela aquisição do raciocinado estímulo à compreensão, à caridade, à compaixão, e ao perdão, na certeza de que todos somos irmãos e que dependemos uns dos outros para uma feliz convivência nesta Terra bendita, onde nos encontramos no atual momento.

• Quando essa prática obedecer dia e horário preestabelecidos, Espíritos protetores terão condições de ali se reunirem, auxiliando Espíritos de conduta inferior que porventura se encontrem no lar, e, muitas vezes, transformando esse local num pronto-socorro espiritual para diversos trabalhos de esclarecimento e conso-lo no verdadeiro plano da vida.

• Além de todos esses benefí-cios, os participantes criarão propício momento e condições para receberem salutares e benéficas inspirações a respeito de dificuldades que venham a estar enfrentando. Enfim, o padrão vibratório desses momentos de muita paz será assimilado por todos, tra-zendo-lhes um real equilíbrio na men-te e no coração, facilitando-lhes uma semana de felizes realizações, sempre com Jesus.

COMO FAZER

1. Determinar um dia da semana e um horário em que, pelo menos, a maioria dos familiares possa participar.

2. Obedecer o horário e a presença sempre constante dos participantes, a fim de que os Espíritos tenham um ambiente propício às suas atividades assistenciais nos dois plano da vida.

3. É aconselhável que as pessoas se sentem ao redor de uma mesa para que todos os presentes possam efetivamente participar do estudo e da consequente permuta de

impressões e esclarecimentos sobre o texto enunciado.

4. Disponibilizar um copo com água para cada participante, facilitando, assim, uma fluidificação da água de acordo com as necessidades de cada um.

5. A reunião deverá ser iniciada com uma prece, em voz alta, por um dos presentes, expressa de maneira simples, sempre usando o coração, sem a necessidade de frases ricamente elaboradas. Essa prece tem a finalidade de preparar o equilíbrio dos participantes, concorrendo a que

cada um se desligue dos problemas do dia a dia e volte sua atenção para os ensinamentos de Jesus.

6. Em seguida, iniciar a leitura de *O Evangelho Segundo o Espiritismo,* que poderá ser efetuada de duas maneiras: a) leitura de maneira ordenada, pela qual o Evangelho deverá ser lido em sequência, desde o primeiro capítulo, a fim de que todos tomem conhecimento do mesmo, na ordem em que foi escrito; ou b) abrindo-se uma página ao acaso, permitindo que a Espiritualidade possa interagir nesse processo, pelo qual a pági-

na escolhida esteja condizente com as maiores necessidades do grupo. Essa segunda maneira é aconselhada quando todos os integrantes já tenham algum conhecimento sobre os ensinamentos do Evangelho.

7. Ao abrir, escolher um trecho do Evangelho que não seja longo demais, podendo ser dividido para ler uma outra parte na reunião seguinte. E após a leitura, deixar a palavra livre, numa sequência combinada, para que os integrantes façam perguntas ou comentem sua interpretação, sempre no sentido de extrair-se o melhor

para a evolução de todos, numa melhoria de seus atos no dia a dia.

8. Não é aconselhável manifestações mediúnicas, tais como comunicações orais de Espíritos, psicografias ou passes, sendo que essas atividades devem ser realizadas nos Centros Espíritas.

9. Nas reuniões do Evangelho no Lar, as atitudes de seus participantes são muito importantes para que o estudo transcorra em um clima de muita paz e de suaves emanações fluídicas. Por esse motivo, deve-se evitar assuntos que encerrem cen-

suras, julgamentos, comentários daninhos ou inferiores dirigidos a pessoas, a religiões ou qualquer outro tipo de diálogo não edificante.

10. Nada impede que crianças participem, mas, nesse caso, e conforme o assunto, adequá-lo ao entendimento delas. E essa é uma boa prática porque, aos poucos e gradativamente, elas muito irão aprender.

11. Trinta minutos é o tempo ideal para essa reunião, apesar de não haver nada que a impeça de durar mais algum tempo. De qualquer maneira, sugerimos não ultrapassar quarenta e cinco minutos.

12. Em caso de visitas repentinas, estas deverão ser informadas sobre a prática da reunião familiar em torno do Evangelho de Jesus, e convidá-las a participar. Se for o caso, escolher algum assunto que não venha a constrangê-las, de preferência um tema já estudado e comentado por todos. Não devemos nos esquecer que, talvez, essa visita tenha sido programada pela Espiritualidade, com o propósito de que tome contato com os ensinamentos de Jesus.

13. Muitas vezes, pode ocorrer de algum integrante da família ter de se

ausentar. Caso isso ocorra, os demais devem continuar a reunião, aproveitando para emitir benéficas vibrações mentais em torno do ausente.

14. Para encerrar a reunião, faça uma rogativa a Deus, a Jesus e aos Espíritos do Bem em favor da harmonia do lar e dos familiares encarnados e desencarnados, extensiva também à paz entre os povos.

15. Faça uma prece de encerramento, agradecendo o amparo dos Benfeitores Espirituais. Após a prece, sirva a água fluidificada a todos os participantes.

Importante

Caso não encontre, entre os integrantes de sua família, alguém que tenha o interesse em realizar o estudo do Evangelho, você pode realizá-lo a sós, estudando e vibrando positivamente pelos demais, num local da casa onde não venha a ser interrompido.

Baixe gratuitamente o Livreto completo do
Roteiro para Evangelho no Lar
www.ideeditora.com.br

Referências Bibliográficas

KARDEC, A., *O Céu e o Inferno*, Ide Editora.
_____. *O Evangelho Segundo o Espiritismo*, Ide Editora.
_____. *O Livro dos Espíritos*, Ide Editora.
_____. *O Livro dos Médiuns*, Ide Editora.
XAVIER, F. C., *Auta de Souza*, Ide Editora.
_____. *Caminho Espírita*, Ide Editora.
_____. *Comandos do Amor*, Ide Editora.
_____. *Encontro de Paz*, Ide Editora.
_____. *Mãos Marcadas*, Ide Editora.
_____. *Mãos Unidas*, Ide Editora.
_____. *Passos da Vida*, Ide Editora.
_____. *Paz e Renovação*, Ide Editora.
_____. *Tempo de Luz*, Ide Editora.
_____. *Tesouro de Alegria*, Ide Editora.
_____. *Trilha de Luz*, Ide Editora.
_____. *Visão Nova*, Ide Editora.
O Evangelho no Lar, Ide Editora.

IDE | Conhecimento e educação espírita

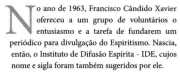

No ano de 1963, Francisco Cândido Xavier ofereceu a um grupo de voluntários o entusiasmo e a tarefa de fundarem um periódico para divulgação do Espiritismo. Nascia, então, o Instituto de Difusão Espírita - IDE, cujos nome e sigla foram também sugeridos por ele.

Assim, com a ajuda de muitas pessoas e da espiritualidade, o Instituto de Difusão Espírita se tornou uma entidade de utilidade pública, assistencial e sem fins lucrativos, fiel à sua finalidade de divulgar a Doutrina Espírita, por meio de livros, estudos e auxílio (material e espiritual).

Tendo como foco principal as obras básicas de Allan Kardec, a preços populares, a IDE Editora possui cerca de 300 títulos, muitos psicografados por Chico Xavier, divulgando-os em todo o Brasil e em várias partes do mundo.

Além da editora, o Instituto de Difusão Espírita também se desenvolveu em outras frentes de trabalho, tanto voltadas à assistência e promoção social, como o acolhimento de pessoas em situação de rua (albergue), alimentação às famílias em momento de vulnerabilidade social, quanto aos trabalhos de evangelização infantil, mocidade espírita, artes, cursos doutrinários e assistência espiritual.

Ao adquirir um livro da IDE Editora, além de conhecer a Doutrina Espírita e aplicá-la em seu desenvolvimento espiritual, o leitor também estará colaborando com a divulgação do Evangelho do Cristo e com os trabalhos assistenciais do Instituto de Difusão Espírita.

www.idelivraria.com.br

Fundamentos do
Espiritismo

1º *Crê na existência de um único Deus, força criadora de todo o Universo, perfeita, justa, bondosa e misericordiosa, que deseja a felicidade a todas as Suas criaturas.*

2º *Crê na imortalidade do Espírito.*

3º *Crê na reencarnação como forma de o Espírito se aperfeiçoar, numa demonstração da justiça e da misericórdia de Deus, sempre oferecendo novas chances de Seus filhos evoluírem.*

4º *Crê que cada um de nós possui o livre-arbítrio de seus atos, sujeitando-se às leis de causa e efeito.*

5º *Crê que cada criatura possui o seu grau de evolução de acordo com o seu aprendizado moral diante das diversas oportunidades. E que ninguém deixará de evoluir em direção à felicidade, num tempo proporcional ao seu esforço e à sua vontade.*

6º *Crê na existência de infinitos mundos habitados, cada um em sintonia com os diversos graus de progresso moral do Espírito, condição essencial para que neles vivam, sempre em constante evolução.*

7º *Crê que a vida espiritual é a vida plena do Espírito: ela é eterna, sendo a vida corpórea transitória e passageira, para nosso aperfeiçoamento e aprendizagem. Acredita no relacionamento destes dois planos, material e espiritual, e, dessa forma, aprofunda-se na comunicação entre eles, através da mediunidade.*

8º *Crê na caridade como única forma de evoluir e de ser feliz, de acordo com um dos mais profundos ensinamentos de Jesus: "Amar o próximo como a si mesmo".*

9º *Crê que o espírita tenha de ser, acima de tudo, Cristão, divulgando o Evangelho de Jesus por meio do silencioso exemplo pessoal.*

10º *O Espiritismo é uma Ciência, posto que a utiliza para comprovar o que ensina; é uma Filosofia porque nada impõe, permitindo que os homens analisem e raciocinem, e, principalmente, é uma Religião porque crê em Deus, e em Jesus como caminho seguro para a evolução e transformação moral.*

Para conhecer mais sobre a Doutrina Espírita, leia as Obras Básicas, de Allan Kardec.

www.idelivraria.com.br

leia estude pratique

Conheça mais sobre
a Doutrina Espírita
por meio das obras de
Allan Kardec

ide ideeditora.com.br

idelivraria.com.br

Pratique o "Evangelho no Lar"

Aponte a câmera do celular e
faça download do roteiro do
Evangelho no lar

Ide editora é nome fantasia do Instituto de Difusão Espírita, entidade sem fins lucrativos.

◯ ideeditora   f ide.editora   🐦 ideeditora

◀◀ DISTRIBUIÇÃO EXCLUSIVA ▶▶

boanova editora

📍
Av. Porto Ferreira, 1031 | Parque Iracema
CEP 15809-020 | Catanduva-SP
📞 17 3531 4444   ⓢ 17 99257.5523

◯ boanovaed
▶ boanovaeditora
f boanovaed
🌐 www.boanova.net
✉ boanova@boanova.net

Fale pelo whatsapp

Acesse nossa loja